LE
JOUG ALLEMAND

Traduction de deux Lettres adressées
au **MORNING POST** de Londres

PAR

M. Fr. A. MAXSE

(Capitaine de la Marine Royale Anglaise)

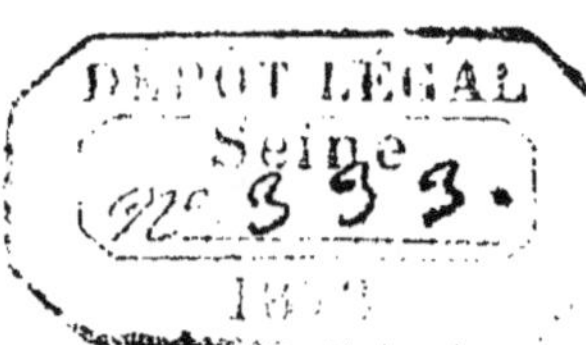

PARIS

E. DENTU, LIBRAIRE ÉDITEUR

PALAIS-ROYAL, GALERIE D'ORLEANS, 17 ET 19

1872

LE

JOUG ALLEMAND

Je viens de voir de mes yeux, dans les provinces françaises cédées à l'Allemagne, la triste réalité d'un anachronisme vraiment étrange au dix-neuvième siècle : un peuple civilisé faisant peser un joug étranger sur un autre peuple civilisé. Le procédé me semble si grave et si menaçant pour le repos de l'Europe, que je ne puis résister au désir de présenter quelques observations sur ce sujet, tout en ayant pleinement conscience du peu d'influence qu'elles exerceront sur la marche des événements.

Avant tout, que vos lecteurs comprennent bien que Metz et les villages avoisinants, aussi bien que Thionville, sont aussi français que Bordeaux et le département de la Gironde par la langue, le caractère et le sentiment national.

Qu'ils sachent également que toutes les sympathies de l'Alsace, y compris Strasbourg, sont pour la France, que cette province est française de cœur et d'âme et que tout ce pays se regarde comme partie intégrante de la France.

Il est certainement assez facile à des pédants littéraires de prouver, livre en main, que les habitants de ces provinces étaient Allemands, le fait est qu'ils sont maintenant essentiellement Français.

Si l'Europe devait être remaniée d'après la théorie des origines historiques, on trouverait à peine une nation qui pût garder son indépendance ou ses limites actuelles.

Il n'y a qu'une seule épreuve qui puisse décider la nationalité d'un territoire contesté. Cette épreuve consiste dans un appel au peuple qui l'habite. Si l'on avait eu recours à ce criterium l'année dernière, l'Alsace et la Lorraine seraient restées à la France, et le genre humain, y compris la race allemande, n'aurait pas à subir toutes les calamités qui le menacent actuellement. Il est en effet aussi facile de prédire la réalisation de ces prévisions, que d'annoncer l'évolution d'une loi naturelle quelconque.

Admettons qu'un certain nombre d'Allemands, une fois la passion de la possessivité satisfaite, commencent à s'apercevoir que c'était une erreur de leur part d'annexer des populations françaises à leur *Faterland* (mère-patrie). Pour un Anglais (et il lui est sans doute permis d'exprimer sa conviction), c'était pis qu'une erreur, c'était un crime.

C'était un crime, si crime il y a, à poser, de propos délibéré, une cause inévitable de guerre. On aurait cru que l'Europe en avait assez de ces questions de nationalité opprimée, sans en ajouter une autre à la liste.

Tant que ses provinces septentrionales ont été sous le joug, l'Italie a toujours été dans un état de fermentation

dangereuse. La question du Scheswig-Holstein, source d'a-
gitation en Europe pendant tant d'années, et finalement
cause de deux guerres sanglantes, n'a eu d'autre origine
que la domination exercée sur une poignée d'Allemands
par les Danois, et l'asservissement de la Pologne tourmente
encore la conscience historique, et a été la source de tor-
tures et de massacres épouvantables. La question lom-
bardo-vénitienne s'est réglée par la cessation de la domination que l'Autriche exerçait sur des populations ita-
liennes, et tout nous fait espérer une paix durable entre
l'Autriche et l'Italie. La question du Schleswig-Holstein
a été résolue d'une manière avantageuse pour l'Allemagne,
et si elle n'est pas définitivement tranchée et oubliée, la
cause en est à la substitution du joug allemand au joug danois. Maintenant, nous voici en présence d'une nouvelle
source d'agitation, dans la question de l'Alsace-Lorraine.

Le prince de Bismark a la réputation d'être un homme
d'Etat consommé. Il est certain pourtant qu'un homme
d'Etat sage (j'allais dire un *bon* homme d'Etat, quand je
me suis souvenu que la bonté n'était pas une qualité ap-
préciée en diplomatie), faisant la paix avec un ennemi,
s'attacherait, s'il désirait une longue paix, à écarter tout
prétexte de guerre. Néanmoins, nous voyons le plus grand
homme d'Etat du jour imposer des conditions qui pa-
raissent astucieusement calculées pour empêcher la possi-
bilité du maintien de la paix. Il ne laisse pas simplement
un prétexte, mais il lègue à la postérité une cause
si incontestable de guerre, que cette guerre devient
juste, et que même ceux auxquels la guerre est odieuse et
l'esprit militaire en abomination doivent reconnaître la

terrible nécessité de combattre, quand le moment opportun viendra, pour l'affranchissement de compatriotes captifs.

Non-seulement les plus mauvaises passions de la France, telles que la vengeance, la haine, l'amour de la gloire militaire et de la lutte (tendances que, soit dit en passant, nous favorisons avec soin dans l'enfance) plaident pour la guerre, mais, grâce aux agissements du prince de Bismark, même les motifs humains de l'ordre le plus élevé qu'on puisse invoquer en faveur de la guerre, par exemple ce sentiment désintéressé et chevaleresque qui porte à se dévouer pour l'amour d'autrui, tous ces nobles motifs sont élevés à leur paroxysme.

Représentez-vous les comtés de Hampshire et de Sussex annexés par quelque puissance étrangère (leur cession ayant été arrachée à l'Angleterre après une série de défaites étonnantes); quel serait le sentiment de tous les hommes braves et dévoués des comtés de Middlesex et de Yorkshire en face d'un traité portant non-seulement que les populations du Hampshire et du Sussex se verraient imposer des maîtres étrangers, un système monétaire étranger et une langue officielle étrangère, mais encore que tous les jeunes gens de ces comtés seraient dressés à combattre leurs compatriotes?

A Toul, j'ai rencontré une dame française qui m'a dit avoir deux frères. L'un était officier dans l'armée française, l'autre, propriétaire en Lorraine, n'avait pu quitter le pays sans se ruiner et était devenu, par suite de l'annexion, exposé à l'enrôlement prussien.

Il importe peu de savoir si la France sera heureuse ou non dans une autre guerre; le mal est d'avoir établi une

situation telle que les meilleurs sentiments humains sanc-
tionnent une tentative faite pour le recouvrement des
provinces perdues. Par conséquent, tout espoir de voir se
fonder un parti pacifique en France s'est évanoui.

Si le prince de Bismark avait connu le bon aussi bien
que le mauvais côté de la France, il aurait dû savoir qu'il
y a eu un moment où le parti pacifique prenait, dans ce
pays, une extension considérable. La popularité extraor-
dinaire de l'histoire de Napoléon Bonaparte par M. Lan-
frey lui aurait appris ce fait, s'il n'avait pas déjà entendu
parler du succès des nouvelles d'Erckmann-Chatrian.

Quant à l'élément démocratique, on ne pouvait guère
s'attendre à ce qu'il le prît en considération. L'ordre d'idées
qu'il représente est dans un antagonisme mortel avec la
doctrine inquiétante de la démocratie moderne. Pour lui,
c'est une chose glorieuse pour un peuple de conquérir un
autre peuple; pour elle, il convient que les nations s'aiment
les unes les autres aussi bien que les individus. Pour elle,
les guerres entreprises dans un but de domination, de
vanité et d'ambition ne sont plus nécessaires. Quelles que
soient les épithètes spécieuses, les grands mots dont on
décore ces mauvaises passions, *beaux noms appris à l'é-
poque de la naïve enfance* (1), qu'on les appelle patriotisme,
grandeur nationale et honneur, les guerres qu'elles ins-
pirent ne devraient pas être plus tolérées que ne l'étaient
les guerres entre les nobles après le xvᵉ siècle. D'après les
démocrates, aussitôt qu'il y aura des gouvernements meilleurs et plus forts, ces guerres cesseront et appartiendront

______

(1) Learnt in soft childhood's unsuspecting hour.

comme celles du moyen âge à un passé barbare. Si le prince de Bismark avait daigné tenir compte dans ses calculs du pouvoir démocratique, il aurait reconnu le zèle religieux avec lequel il luttait en France pour les idées pacifiques.

En fait, un des motifs pour lesquels le parti Gambettiste et les démocrates ont voté dans l'Assemblée nationale contre le traité de Thiers, c'est qu'ils prévoyaient quelle difficulté il y aurait, si de telles conditions étaient acceptées, à tenir tête au parti de la guerre. Il est inutile de dire à quel point cette prévision s'est vérifiée.

La moralité internationale, que les diplomates et l'élément militaire se moquent tant qu'ils voudront de ce terme, profite toujours, avec le temps, aux nations, de même que la société et les individus bénéficient de la moralité sociale. J'ajouterai encore ce paradoxe : « Avec le temps, les idées sont plus fortes que les baïonnettes. »

L'Allemagne aurait eu un intérêt bien plus grand à accorder à la France des conditions équitables qu'à lui en imposer d'aussi impitoyables. La justice aurait été satisfaite si la convention intervenue entre les belligérants avait eu pour base : 1° Le démantèlement des fortifications de Metz et de Strasbourg pendant un certain laps de temps; 2° une indemnité de guerre modérée. Pour la question de cession de territoire, en admettant qu'elle ait été soulevée, elle aurait été réglée par les vœux des habitants. Si de telles conditions avaient servi de dénouement à la guerre, le parti pacifique en France serait devenu prépondérant, tandis que le parti affamé de gloire, eût été discrédité pour jamais. L'Allemagne se serait élevée à des hauteurs de grandeur morale que n'a encore atteintes aucune nation, dans le long cours de l'histoire de l'humanité. Elle aurait prouvé sa puissance et dédaigné de s'en faire une arme pour accomplir le mal.

Si elle avait su profiter du moment opportun et allier au drapeau de la force militaire le noble drapeau de la morale internationale, elle aurait donné à l'Europe la paix, à son propre peuple le respect de lui-même, et à l'humanité un exemple sublime.

Alors, elle aurait pu former une ligue internationale pour prévenir le retour de la guerre. Toutes les grandes nations y seraient volontiers entrées, ayant à leur tête la plus puissante de toutes. Aujourd'hui, au contraire, quand nous entendons parler de ces projets de Gastein ayant pour but de former une ligue pacifique, nous ne pouvons nous empêcher de sourire, comme nous le ferions si un homme, après avoir terrassé quelque ennemi personnel qui l'aurait défié en combat singulier, non content de lui administrer une correction raisonnable et méritée, persistait à emmener sa femme en otage comme garantie de sa bonne conduite future, puis faisait un vertueux appel à la société pour se défendre contre les malfaiteurs.

L'occasion unique de jeter les bases d'une paix européenne durable, et d'élever sa nation au-dessus de toutes les autres, le prince de Bismark n'a pas su la saisir. Il n'a pas compris davantage qu'il accomplirait ainsi son projet favori, celui de porter le coup le plus redoutable à la démocratie, puisqu'il mettrait à exécution, en l'honneur et par l'intermédiaire de la monarchie, ce qui n'est actuellement que le rêve de la démocratie. Ignorant les idées modernes, méprisant les meilleures espérances de l'humanité, dirigé uniquement dans sa conduite par des motifs mesquins, ayant recours à un système d'expédients, il a semblé allier dans sa conduite envers la France l'esprit d'un baron du moyen âge à celui de quelque Shylock *demandant son poids de chair*. En conséquence, nous avons perdu tout espoir de voir l'Allemagne se placer à la tête des nations, d'un bout de l'Europe à l'autre nous entendons le roulement sinistre et continu du tambour, et nous observons, spectateurs impuissants, la transformation de chaque pays en un camp militaire. Si nous nous plaignions avec raison, il y a deux ans, des armements considérables, que dirons-nous maintenant que ces armements se multiplient dans une proportion dix fois plus grande et que l'intelligence de l'Europe est absorbée par l'étude de la noble science stratégique.

Dans une autre lettre, je me propose de discuter la valeur de cet argument : « Metz doit être entre les mains des Allemands pour la protection de l'Allemagne. » Je pense également présenter quelques observations sur la complicité de l'Europe, et prouver qu'elle a contribué à amener la déplorable situation actuelle.

J'étudierai maintenant cette proposition : « La possession de Metz par les Allemands est nécessaire à la sécurité
de l'Allemagne. » D'abord, remarquez bien que *l'argument
stratégique* est le refuge invariable de tous les partisans
de l'Allemagne, quand ils se trouvent chassés de leur dernier retranchement dans la controverse morale. Avec une
effronterie qui serait risible, s'il était possible de rire en
présence de l'arrangement d'une tragédie, ils vous ren-
voient au général de Moltke. Il est l'arbitre suprême. C'est
à son jugement calme et impartial qu'on doit s'en rap-
porter pour régler toute cette question. C'est à lui que
les intérêts de la France et de l'Europe peuvent être
confiés en toute sécurité.

Apprécions à sa juste valeur la signification de ce raisonne-
ment. La subordination des considérations morales à ce qu'on
appelle les considérations militaires dans la question que
je discute, ce n'est ni plus ni moins que l'abandon volontaire de la moralité comme base pratique servant à régler

les rapports des grandes nations européennes. C'est un appel ouvert à la force brutale, c'est la suppression du droit et le triomphe de la force. Les conditions de paix doivent être réglées par l'homme qui a pour profession de faire la guerre. Comme soldat, il n'a pas à s'inquiéter du côté moral de la question; on le consulte même précisément parce que le point de vue moral est embarrassant. Il n'a à s'occuper que des nations en état de guerre. Les causes de la guerre regardent le département du prince de Bismark.

Au général de Moltke, il appartient de traiter les nations comme des machines de guerre engagées constamment dans de mortels conflits. Pour lui, le pays ne représente qu'éminences pour l'artillerie ou plaines pour les manœuvres. Ici, il y a un défilé à défendre, là une armée peut trouver un point d'appui pour maintenir ses communications. Quant aux habitants, ils sont de simples obstacles. On ne peut tenir compte d'eux que comme propriétaires d'emplacements propres à l'occupation militaire ou comme possesseurs de véhicules et de fourrage pouvant être utilisés dans une campagne.

Et c'est un homme se plaçant à ce point de vue exclusif, impitoyable et agressif qui est appelé à décider si, l'Allemagne et la France étant en guerre, telle forteresse importante située à quelques lieues à l'intérieur du territoire ennemi ne procurerait pas un avantage stratégique à son parti.

C'est absolument comme si l'Angleterre et la France avaient été aux prises et qu'une fois la guerre achevée on s'en rapportât finalement au ministère de la guerre français pour décider à qui Portsmouth et Portland-Bill doivent appartenir. Le général de Moltke, on le savait bien, ne pouvait donner qu'une réponse, et si une semblable question lui avait été posée au sujet de Toul ou d'une autre place forte plus rapprochée du cœur de la France, sa réponse, dictée par les considérations militaires, aurait été exactement la même.

Cependant, même en admettant la discussion sur ce terrain, en acceptant l'argument stratégique, nous trouvons que certaines considérations lui ôtent toute sa force.

Il y a six ans, les fameux forts de Saint-Quentin, de Saint-Julien, de Flappeville et de Queuleu qui couronnent maintenant les hauteurs environnant la ville de Metz et la rendent formidable, n'existaient pas. Avec quelques tonnes de poudre on pourrait remettre ces hauteurs dans leur état primitif et la ville de Metz deviendrait aussi accessible à une armée d'invasion allemande que Nancy.

N'importe quelles hauteurs, où le travail et l'industrie de l'homme se sont exercés, peuvent devenir aussi imprenables que celles de Metz, mais toutes ne domineront pas une ville si riche, si patriotique et si belle. La nature a prodigué les hauteurs dans cette partie de la France. On ne voit pas pourquoi Conflans, Nancy, Toul ou Lunéville, villes et villages qui restent à la France ne deviendraient pas tout aussi formidables que Metz. On pourrait faire de Toul un Gibraltar. La configuration du terrain rend cette ville naturellement propre à être fortifiée bien plus que Strasbourg qui, avec la portée actuelle des canons, se trouve dans une situation tout à fait désavantageuse.

On voit donc que l'argument stratégique pour l'annexion,

basé sur l'idée populaire que la configuration physique de
Metz fait de cette ville un poste militaire exceptionnel, est
entièrement faux.

Metz est, en effet, une ville que les procédés artificiels,
c'est-à-dire l'industrie, le génie et le travail, ont rendue
exceptionnelle, mais ces moyens ont été mis en œuvre sur
une configuration de terrain qu'on retrouve dans le reste
du pays. Tout ce qui est artificiel, exceptionnel et dange-
reux pouvait être détruit.

Il n'est que trop clair, à vrai dire, que ce mot stratégie
est employé dans le but d'en imposer aux gens étrangers
à l'art militaire. On objecte, avec quelque vraisemblance,
que seuls les initiés peuvent se former une opinion sur ce
sujet. Jamais prétexte plus hypocrite ne fut mis en avant
pour dépouiller un pays sans défense. L'Allemagne, gardée
comme elle l'est par des frontières naturelles très-fortes
hérissées elles-mêmes de puissantes fortifications, n'a
pas honte de déclarer qu'elle ne peut se sentir en sûreté à
moins de rester à perpétuité en possession d'une place
forte française, d'une ville éloignée de trente lieues, à l'intérieur du territoire français; et cela, après avoir prouvé,
par ses triomphes, sa force irrésistible et mis à nu dans
une mesure égale la faiblesse de ses ennemis. La stratégie
l'exige en vérité !

Arrachons ce léger voile, ce masque qui nous cache la
vérité et nous reconnaîtrons la physionomie de ces deux
antiques ennemis de l'humanité la *vengeance* et l'*esprit* de
conquête. Nous ne les trouverons plus rampant comme
s'ils craignaient le grand jour, mais debout sous la bannière
du patronage officiel, recevant les sourires diplomatique

et reconnus comme les forces dominantes de l'Europe. La vérité pure la voici :

L'Allemagne s'est emparée. de l'Alsace et de la Lorraine pour deux raisons. D'abord elle a voulu infliger à la France une humiliation perpétuelle et satisfaire ainsi sa soif de vengeance nationale : *OEil pour œil, dent pour dent.*

Le principe qui régit la morale de la multitude est si bas que le seul droit de conquête est une justification suffisante de ces agissements. La France aurait fait la même chose, objecte-t-on, comme si la préméditation du crime pouvait justifier l'accomplissement du même crime, et comme si l'Europe, dans cette hypothèse, aurait assisté en silence à la perpétration de ce forfait.

En second lieu, l'Allemagne a voulu satisfaire sa cupidité, car Metz est une ville très-importante et très-belle. Toute resplendissante aux rayons du soleil, enserrée dans les bras de la Moselle qui arrose tout le pays, avec ses jardins en terrasse, avec ses îles, avec ses faubourgs et ses villages adjacents, avec ses splendides ponts et sa somptueuse cathédrale qui domine tout le paysage, Metz présente un coup-d'œil vraiment séduisant à l'œil cupide du conquérant.

Le sentiment de l'armée allemande au sujet de Metz et après la prise de cette ville a été fidèlement dépeint dans les termes suivants par un correspondant habile qui l'accompagnait. Il semble en vérité avoir partagé ses transports : « Vraiment c'est une ville merveilleuse, une ville pour la possession de laquelle on n'hésiterait pas à tout risquer, pour laquelle on combattrait volontiers jusqu'au dernier homme, dans le dernier fossé. Maintenant que l'armée l'a vue (et il faut avoir étudié le soldat allemand pour savoir quel attrait instinctif il a pour les beautés de la nature), il serait mal avisé, celui qui viendrait insinuer qu'il faut lâcher la proie. *Rien n'a tant affermi Bismark dans ses prétentions pour la cession d'une partie de la Lorraine que cette occasion offerte à l'armée de voir et d'admirer Metz* (1). »

Voilà un passage significatif, qui rend tout commentaire ultérieur inutile. Il résout en effet l'argument stratégique. On confesse ainsi avec une inconsciente naïveté le vrai motif de l'annexion de Metz. Qu'importent les 50,000 habitants revendiquant une patrie de leur choix. Une telle proie, une fois saisie, ne saurait être abandonnée.

Je terminerai cette partie de ma lettre par une remarque. Milan est une ville aussi belle que Metz et renferme une cathédrale plus élégante, cependant elle n'a jamais rapporté à ses possesseurs illégitimes que des troubles incessants et un désastre final.

Il nous reste à noter le caractère le plus triste de cette grande convention européenne. Les conditions qui ont été dictées à la France, à la pointe de l'épée (car on ne pouvait prétendre à une négociation honorable entre égaux) ont constitué un outrage flagrant à l'Europe. Elles rendent le maintien de la paix impossible; car, comme le prince de Bismark lui-même le déclare, elles ont été formulées, non en vue de la continuation de la paix, mais en vue de la continuation de la guerre. Pour justifier ses procédés impitoyables, il fait cette supposition gratuite que la France,

(1) Etude sur la guerre entre la France et l'Allemagne, par Archibald Forbes. — Tauchnitz, éd. vol. 1, p. 365.

qu'on la traite avec justice ou non, se propose de recommencer la guerre, et se met en même temps en mesure de justifier la vérité de ses prédictions (1). Il n'a pas la prétention d'offrir des conditions de paix, mais simplement d'accorder une trève onéreuse dont les clauses le mettent à même de dépouiller à son gré le pays de toutes ses précieuses richesses et lui permettent en même temps d'obtenir certains avantages stratégiques, garantie du succès dans l'éventualité d'une seconde lutte.

Tandis qu'il se prépare à convertir ainsi l'Europe en une vaste arène toujours ouverte aux luttes de la France et de l'Allemagne, tout en jetant le défi à l'interprétation moderne de la moralité internationale, il proclame hautement devant les nations neutres que l'Allemagne est supérieure au droit et aux intérêts européens, sauf dans le cas où ces intérêts s'accorderaient avec les siens. Elle prétend bien traiter avec la France seule et ne souffrir aucune médiation. Et l'Europe accepte cette situation avec une honteuse indifférence.

Voilà la conduite qui couvre notre siècle de honte. Voilà

(1) Un éminent littérateur, qui représente les idées allemandes, nous donne à entendre que la prochaine guerre entre l'Allemagne et la France sera vraisemblablement signalée par un redoublement de férocité. Julien Schmidt, auteur d'une Histoire de la littérature moderne, actuellement parvenue à sa cinquième édition, dit dans un article récemment publié dans le *National Zeitung* : « Dans une nouvelle guerre nos places fortes ne contiendraient plus un demi-million de prisonniers. On ferait très-peu de prisonniers.» Donc, nous avons là une menace calculée de tuer les prisonniers. Et l'auteur de cette infâme proposition est un homme de lettres distingué !

M. Carlyle lui-même qui, avec sa doctrine de « l'Amputation nécessaire » a fait plus pour sanctionner l'effusion du sang qu'aucun autre homme, tressaillerait à la lecture de ces lignes.

le coup qui tombe avec le poids d'une calamité person-
nelle sur le penseur, sur l'homme convaincu qu'il y a
un certain mérite à consacrer ses efforts à l'amélioration
de l'humanité, sur le philosophe qui, considérant les diffé-
rentes époques de l'histoire de l'humanité, en était arrivé
à croire à la victoire forcée de l'esprit sur la matière, et au
triomphe progressif du bien sur le mal. Il s'était félicité
jusqu'à présent de ce qu'il y avait maintenant en Europe
une opinion publique assez forte et bien établie pour empêcher tout retour à des procédés barbares. Il espé-
rait qu'on ne verrait plus peser un joug étranger sur
une nation qui proteste. Il se plaisait à croire que si,
par malheur, la guerre venait à éclater on saurait bien,
tout en tenant compte des intérêts du vainqueur, respecter
certains droits moraux du vaincu. Il pensait que le traité
qui s'en suivrait porterait le cachet de la générosité, de la
justice, et d'un vif désir de réconciliation mutuelle, et ten-
drait à effacer le plus vite possible les impressions de la
sanglante lutte. Au moins avait-il la certitude que si quelque traité illégal, du genre de ceux de Napoléon Ier, était
proposé, l'indignation de l'Europe entière éclaterait, et
chaque nation se regarderait comme solidaire de l'autre
dans cet affront commun.

Un Anglais pouvait assurément compter sur l'attitude
de son propre pays dans cette éventualité. La seule mention de tentative sur les provinces Rhénanes par la France
a longtemps suffi pour provoquer chez nous une véritable
exaspération, et a donné lieu à l'expression bien méritée
de la plus énergique réprobation.

Le traité que nous avons conclu l'année dernière avec la

Belgique était une preuve de notre détermination de soutenir, même par la force des armes, le droit public européen.

Qui a oublié l'explosion d'indignation qui se manifesta il y a quelques années en Angleterre, quand le projet d'annexion de la Savoie fut notifié? Et pourtant, dans ce cas, la cession était volontaire, en conformité avec les idées modernes. Comme il semble naturel que les habitants d'un pays ne soient pas traités comme du bétail, la cession avait été subordonnée à la confirmation par voie de plébiscite.

Hélas! quelle désillusion pour le penseur qui croyait au progrès de l'humanité et au développement de la civilisation! Il a appris avec étonnement, cette année, que notre sentiment de la moralité publique n'est blessé que lorsque la France est l'aggresseur, et que toute notre vertueuse indignation contre ce crime de reculer les limites d'un état voisin n'est que la misérable expression de la jalousie nationale. Une grande puissance a imposé un traité à une autre grande puissance; ce traité, jugé avec impartialité (et pour juger impartialement il faut intervertir, en esprit, les rôles des parties intéressées), ce traité ne peut être taxé que de spoliation illégale et d'oppression inique. Et cependant, la moralité publique a tellement baissé qu'aucune nation n'a senti la nécessité de placer, au moins pour mention, une seule protestation; pas une voix ne s'est élevée du sein de cette Angleterre, qui était considérée dans ces derniers temps comme le berceau de toute opinion européenne vraiment saine. On n'a tenu à Londres qu'un seul meeting, dans le but d'insister auprès du gouvernenement anglais afin qu'il se joignît aux puissances neutres pour s'opposer au démembrement de la France ; mais ce meeting n'a pas trouvé d'écho parmi les classes influentes, et là où il avait action, il a provoqué cette cynique déclaration que les baïonnettes seules seraient effectives, et que les baïonnettes ne se produisaient pas.

Ainsi l'Angleterre, par son silence, et les autres nations, par leur inaction, se sont rendues complices des hauts faits du prince de Bismark. Les conséquences de tels errements sont la marche rétrograde de la civilisation, le triste et désolant spectacle d'une province occidentale de la France, d'une race patriotique mais délaissée, soumise à un joug abhorré, et enfin (que nous fermions les yeux sur ce fait ou non) le premier pas vers un massacre général opéré par les bras de millions d'ouvriers ignorants et égarés, qui, au lieu de se voir tels qu'ils sont, ne voient l'un dans l'autre que des fantômes qu'ils appellent leur prochain, êtres difformes qu'ils sont prêts à haïr et à combattre à la voix de leurs chefs.

PARIS — TYP. WALDER, RUE BONAPARTE, 44,